权术之王——曹操

◎ 主编 金开诚

◎ 编著 管宝超

吉林文史出版社

吉林出版集团有限责任公司

图书在版编目（CIP）数据

权术之王——曹操 / 管宝超编著 . 一长春：吉林
出版集团有限责任公司：吉林文史出版社，2010.11（2022.1重印）
ISBN 978-7-5463-3980-1

Ⅰ . ①权… Ⅱ . ①管… Ⅲ . ①曹操（155～220）–传
记 – 通俗读物 Ⅳ . ① K827=36

中国版本图书馆 CIP 数据核字（2010）第 205565 号

权术之王——曹操

QUANSHU ZHIWANG CAOCAO

主编／ 金开诚 编著／管宝超

项目负责／崔博华 责任编辑／崔博华 钟 杉

责任校对／钟 杉 装帧设计／李岩冰 刘大昕

出版发行/吉林文史出版社 吉林出版集团有限责任公司

地址/长春市人民大街4646号 邮编/130021

电话/0431-86037503 传真/0431-86037589

印刷/三河市金兆印刷装订有限公司

版次/2010 年 11 月第 1 版 2022 年 1 月第 6 次印刷

开本/650mm×960mm 1/16

印张/9 字数/30千

书号/ISBN 978-7-5463-3980-1

定价/34.80元

前　言

　　文化是一种社会现象，是人类物质文明和精神文明有机融合的产物；同时又是一种历史现象，是社会的历史沉积。当今世界，随着经济全球化进程的加快，人们也越来越重视本民族的文化。我们只有加强对本民族文化的继承和创新，才能更好地弘扬民族精神，增强民族凝聚力。历史经验告诉我们，任何一个民族要想屹立于世界民族之林，必须具有自尊、自信、自强的民族意识。文化是维系一个民族生存和发展的强大动力。一个民族的存在依赖文化，文化的解体就是一个民族的消亡。

　　随着我国综合国力的日益强大，广大民众对重塑民族自尊心和自豪感的愿望日益迫切。作为民族大家庭中的一员，将源远流长、博大精深的中国文化继承并传播给广大群众，特别是青年一代，是我们出版人义不容辞的责任。

　　本套丛书是由吉林文史出版社和吉林出版集团有限责任公司组织国内知名专家学者编写的一套旨在传播中华五千年优秀传统文化，提高全民文化修养的大型知识读本。该书在深入挖掘和整理中华优秀传统文化成果的同时，结合社会发展，注入了时代精神。书中优美生动的文字、简明通俗的语言、图文并茂的形式，把中国文化中的物态文化、制度文化、行为文化、精神文化等知识要点全面展示给读者。点点滴滴的文化知识仿佛颗颗繁星，组成了灿烂辉煌的中国文化的天穹。

　　希望本书能为弘扬中华五千年优秀传统文化、增强各民族团结、构建社会主义和谐社会尽一份绵薄之力，也坚信我们的中华民族一定能够早日实现伟大复兴！

目录

一、初出茅庐，展露才华

　　提到曹操，人们总认为他是一个奸雄，其实这是不客观的。历史上的曹操并不是《三国演义》中所写的那样。本书的目的，在于从真实历史的角度去剖析曹操。

　　曹操，是一位很有权谋的英雄。他的权谋表现不仅在用人的权谋，也表现在用兵的权谋。曹操很善于用人，曾经几次发布求贤令，打破了用人以道德为准则的

惯例，提出了人尽其用的观点。曹操是有名的军事家，他的军事谋略是很令人敬佩的，官渡之战就是典型战例。总之，曹操的一生是传奇的一生，下面我们就来好好追寻一下他的传奇经历吧！

描写一个人物，我们应该首先搞清楚他的身世。与普通人相比，曹操的身世有一些特别。曹操，字孟德，小名叫阿瞒，沛国（汉国名，有今河南、安徽东部、江苏北部一带地）谯县（今安徽亳县）人，据说是汉初相国曹参的后裔。汉桓帝在位时候，宦官曹腾为中常侍大长秋，被封费亭侯。曹腾是宦官，不可能有子嗣，但是为了自己官爵的沿袭，曹腾便收养了一个义子曹嵩，让曹嵩来继承其官爵。曹嵩凭借着宦官父亲的关系官至太尉，但是没有人知道曹嵩认曹腾为父前的具体身世。曹操便是曹嵩的亲生儿子，也就是曹腾的"孙子"。曹操有一个当宦官的爷爷，自己父亲的身世又不明，这样说来，在当时的官场上，这并不算一个很好的基础。

俗话说得好，"三岁看到老"，曹操

年少时就表现得很有权谋，很有心计，其中的一件小事很能说明问题。曹操小时候很贪玩，整天无所事事，他的叔父实在看不过去，经常把曹操的不良作为报告给曹嵩，为此，曹操经常挨曹嵩的批评。小小年纪的曹操很不服气，便耍起了小聪明，要戏弄他的叔父。有一天，曹操老远看到他叔父过来了，就躺在地上，脸上露出很痛苦的表情。他叔父看到了，问他怎么了，曹操说他突然中了恶风。焦急的叔父赶紧跑去找曹嵩。可是当曹嵩赶到时，曹操早已站起来了，安然无恙。

曹嵩很诧异，曹操便说叔父是因为不喜欢他，才老是在父亲面前喜欢说他的坏话。从此以后曹嵩便再也不相信曹操叔父的话了。由于曹操意气用事，经常模仿豪侠做事，放荡不拘，又不从事生产劳动，所以时人都没有对他加以重视。只有梁国人桥玄、南阳人何颙二人，认为曹操的为人，不同于普通人，桥玄曾对曹操说："天下将要大乱，除非当世特别有才能的人，才能拯救天下；我看能安定天下的人，就是你了！"不知道他这独特见解的依据是什么。曹操听到这些话，当然很是高兴。

汉灵帝熹平三年（174年），由于家世显赫，年仅20岁的曹操被举为孝廉，很快被任命为中央政府的郎官。不久，曹操又走马上任为四百石的洛阳北部尉，负责该地区的社会治安工作。曹操一到任上，首先命令工匠把年久失修的官衙粉饰一新，然后又赶制了十余条五色棒（木制棍棒刑具，上涂青、赤、黄、白、黑五种颜色），悬挂在官署大门的两侧，同时张贴告示，申明此后一旦有触犯禁令的人，不论是平民百姓，还是豪强权贵，一律棒杀。几个月以后，灵帝宠幸的小黄门蹇硕的叔父晚上在外行走，违反了曹操订下的宵禁规定，曹操便毫不留情地把他给棒杀了。皇帝身边的近侍和宠臣们都吓破了胆，但是又拿曹操没有办法，于是共同推荐，把曹操提拔为顿丘的县令。这时的曹操不过才23岁。曹操在顿丘做县令的时间，比较短暂。灵帝光和元年（178年）十月，此前已经失宠的宋皇后，在宫闱斗争中彻底落败，在何贵人和权阉的联合诬陷下被废黜，不久暴死，并株连到她的家人和亲属。曹操因为堂妹夫宋奇是宋皇后的兄弟，受到牵连，被迫离开顿丘县令这一职位，回到了老家谯县。光和三年（180年）六月，曹操因为通晓古文经学的关系再次被征，拜为议郎。议郎类似于皇帝的秘书，须随时听从皇帝的调遣。他虽然没有具体的职掌，却有议政的职责和权力。在就任议郎之后，曹操不但多次上书针砭时弊，甚至为宦官的死对头前大将军和太傅陈蕃鸣冤叫屈。但当时的政局黑暗，灵帝无能，曹操渐渐明白自己能力有限，不能改变政局，不得不三缄其口。这又是曹操很有权谋的表现——自己的实力不够，就必须先力求自保，等到时机成熟，便可一举改变状况。

二、黄巾之乱，势力渐成

汉灵帝光和末年（184年），黄巾之乱爆发。这年四月全面负责围剿颍川黄巾的皇甫嵩、朱儁部队，出师不利，连吃败仗，被围在长社（今河南长葛东北）。就在这时，曹操被封为骑都尉，奉命支援皇甫嵩、朱儁。曹操带兵和皇甫嵩、朱儁协同作战，内外夹击，大败颍川黄巾，这是曹操带兵取得的首次胜利。此后，曹操又多次参与了镇压黄巾军残部的战斗，最

终因功得赏，被提拔为济南国的国相。济南国有十多个县，各县的长吏，大多阿谀趋附于朝廷贵戚，贪赃枉法，声名狼藉。曹操于是上奏朝廷，免去其中八个县的长吏；禁绝已往风行多年的立祠奉祀，杜绝假借题目进行奢侈淫乐；将祭祀房屋全部拆毁，淫祀的风气，从此被杜绝了。贪官污吏，都纷纷逃窜到附近的郡县。济南国界内，歪风邪气一时肃清。过了很久，曹操被征还为东郡太守。曹操不肯上任，称病辞职，归还乡里。

灵帝中平五年（188年）六月，冀州刺

史王芬、南阳人许攸、沛国人周旌等人,联合豪杰士人,密谋废掉汉灵帝,立合肥侯为帝。他们把这次密谋告诉了曹操,想拉曹操入伙,但曹操认为那样不妥当,便拒绝参与。后来王芬等人因事情败露被迫自杀。

金城郡(今甘肃西部,青海东部)的边章、韩遂杀了刺史郡守而发动叛乱,拥兵众十余万人,使天下人为之震惊。朝廷于是征召曹操为典军校尉意图讨逆。这时汉灵帝驾崩,太子刘辩即位,是为少帝。何太后临朝听政。大将军何进和袁绍二人密谋除去宦官集团,太后认为这样做不够周全,没有接受何进的计谋。何进于是召董卓进京,打算用董卓的力量胁迫太后。但是董卓还没有到达洛阳,何进就被宦官谋害了。董卓到了洛阳后,势力一家独大,便废了

少帝，改立他为弘农王，而另立了陈留王刘协为皇帝，即汉献帝。董卓挟持汉献帝胡作非为，京城洛阳一片大乱。董卓上表举荐曹操为骁骑校尉，想要曹操为他出谋划策。曹操见情势不对，便改名换姓，偷偷潜出了京师，想先回自己的老家再做打算。董卓发现曹操逃走了，立即发布行文追捕曹操。曹操出了关，经过中牟县，被那里的亭长怀疑。亭长逮捕了曹操，带他去见县令。县中有人认出他就是曹操，但也假作不认识，向县令说情，县令就把他给放了。董卓不久后杀了何太后和弘农王。曹操到了陈留，散尽了自己积聚的财产，积极招募义兵，谋划出兵除去董卓。汉灵帝中平六年（189年）冬十二月，曹操在己吾（今河南宁陵县）起兵，讨伐董卓。

汉献帝初平元年（190年）正月，后将军袁术、冀州牧韩馥、豫州刺史孔伷、兖州刺史刘岱、河内太守王匡、勃海太守袁绍、陈留太守张邈、东郡太守桥瑁、山阳太守袁遗、济北相鲍信，共同起兵讨伐董卓。每个人各有兵众数万人，他们共同推

举勃海太守袁绍为盟主，曹操也被推举为奋武将军。

二月，董卓得知众太守起兵讨伐他，便胁迫汉献帝，迁都长安。董卓自己留驻洛阳，一把火烧毁了洛阳宫室。（此时，袁绍驻兵河内；张邈、刘岱、桥瑁、袁遗驻兵酸枣；袁术驻兵南阳；孔伷驻兵颍川；韩馥驻兵在邺城。董卓的兵力强大，袁绍等都不敢先领兵进攻。）曹操说："我们兴义兵是为了诛除暴乱，兵众都已经聚集在一起了，各位还有什么可以迟

疑的？以前如果董卓知道山东方面起兵，
他可以倚恃王室以自重，据守二周的险要
地方，向东可以平定天下。即使他是以无
道而主政，也还是很难对付的。现在情
况就不同了，他焚烧了洛阳的宫室，劫持
了天子，迁城长安，四海之内的人民都为
之震惊，不知如何是好，没有可以依附的
力量。这正是上天灭亡董卓的时候，只需
要一次战斗就可以平定天下，这样的机会
不能失去！"于是曹操便向西进兵，想要
据守成皋。张邈派将卫兹，分兵随曹操西

进。曹兵到达荥阳汴水，遭遇董卓的部将徐荣，交战不利。曹操的兵士伤亡惨重，曹操本人也被乱箭射中，他所骑的马也受了伤。曹操的从弟曹洪，把自己所骑的马给曹操骑，曹操才得以乘着夜色逃脱。徐荣见曹操带领的兵士虽少，但能尽力作战，而且酸枣一带有大量驻军不易攻下，所以就带兵回去了。

曹操到达酸枣，看见盟军有十几万将士，却每天饮酒作乐，并不希图进取，曹操对他们很不满意，替他们出谋划策说："各位，按照我的计划，现在我们应该由勃海太守袁绍，率领河内的兵力，到达孟津；酸枣有太守张邈、刺史刘岱、太守桥

瑁、太守袁遗等的军队，可以守住成皋，占据敖仓，拿下轘辕、太谷，完全控制住各处险要之地。由袁术将军率领南阳之兵，攻下丹水、析州，进入武关（三地皆在河南省内乡县），这样就可以威胁三辅（指长安、冯翊、扶风，今陕西中部地区）。但各军都应作高垒深壁，不要贸然出战。应该多作疑兵，表明天下的形势，造成各地豪杰联合围攻董卓之势，以顺应天下之心，诛讨逆贼。这样行动，可以立刻奠定胜局。目前各军已经聚集在一起了，但是态度犹豫而不思前进，天下人对此很是失望！我私下里实在为各位感到羞耻！"曹操的分析很有道理，可以看出曹操对当时局势有很强的把握。可虽然曹操说了很多，而且分析也不无道理，但是张邈等人就是不肯采用曹操的计划。

曹操明显感到自己的兵力薄弱，于是和夏侯惇等到扬州去募兵。扬州刺史陈

温、丹阳太守周昕拨出了兵众四千余人给曹操。但是大多数兵士不想远离家乡北上讨逆，因而行至龙亢县时，这些士兵乘着夜色突然发动兵变，放火焚烧了曹操的营帐。四千多人的部队最后只剩下了五百多人。曹操继续北上，到了铚、建平二地，又先后招募到兵士一千余人。曹操没有再回酸枣，而是带着三千人左右的部队，渡过黄河，投奔驻扎在怀县的袁绍，打算鼓动袁绍出兵讨伐董卓。但是袁绍不但无意与董卓对阵交锋，反而在初平二年（191年）和韩馥二人密谋立幽州牧刘虞为帝，曹操拒绝参与他们的计划。袁绍曾经得到一颗玉印，这颗玉印便是传说中的传国玉玺，上面有李斯刻的"受命于天，既寿永昌"八个字。他以为这是一种吉兆。有一次在曹操座中，袁绍举起玉印比向臀肘，表示他得到玉玺的幸运。曹操见袁绍如此浅薄，便嘲笑他愚昧而且器量小，十分厌恶袁绍，内心不服。

献帝初平二年（191年）春，袁绍、韩馥二人立幽州牧刘虞为帝。但刘虞认为自己的德行和能力不足，始终不敢接受帝号。

夏四月，董卓由洛阳回到长安。

秋七月，袁绍胁迫韩馥，取得冀州的地盘。

三、剿灭黑山，势力激增

此时，河北的农民起义军黑山军兴起。黑山军首领于毒、白绕、眭固等，率领部众十余万人，侵入袁绍控制下的魏郡、东郡，来势凶猛。东郡太守王肱根本不能抵御，黑山军严重威胁了冀州的安全。袁绍派遣曹操抵抗黑山军。曹操率领军队进入东郡，在濮阳打败了白绕率领的黑山军。袁绍因此上表汉献帝，以曹操为东郡太守，郡治东武阳（今山东省朝

城县东南）。曹操有了自己的根据地，为以后的进一步拓展实力范围，增强自身力量，奠定了良好的基础。

初平三年（192年）春，曹操军屯驻在顿丘，黑山军于毒等进攻东武阳。曹操于是引兵向西行入山，进攻于毒等人的根据地。于毒得到消息，放弃了对东武阳的攻击，回山中驻守聚地。曹操又遮拦突击了眭固所部，在内黄又攻击了匈奴"於夫罗"，都大胜而还。

夏四月，司徒王允与吕布合谋杀死了董卓。董卓的部将李傕、郭汜等，杀了王允，进攻吕布。吕布失败后逃走，向东退出武关。李傕等人于是把持朝政，朝廷又陷入一片混乱之中。

青州的黄巾军，有一百多万人之多，攻入兖州，杀死任城相郑遂，转入东平。兖州刺史刘岱想要用军队攻击黄巾军。鲍信劝他说："目前的黄巾军有一百万人之多，声势浩大，老百姓都震惊恐惧，士兵都没有斗志，敌人的势力强大，不能抵挡。我观察贼兵的情况，发现他们其实是一帮乌合之众，没有组织，没有纪律，军中也没有什么辎重粮草，都是依靠外出掠夺作为军队的财用，这样的军队绝对不是精锐之师。现在我们的办法，应该养精蓄锐养士兵的精力，首先坚守城池不

出，敌人对我，要战不得战，要攻却攻不破，长此以往，敌人的气势肯定会削弱，然后我选拔出精锐士卒，占据他们的要害之地，加以进攻，一定能击败他们。"可刘岱不听劝说，擅自带兵出战，结果被黄巾军所杀。鲍信和州吏万潜等，逃到了东郡，希望曹操来当兖州牧，主持战局。曹操于是领兵在寿张的东境进攻黄巾军。不久，鲍信力战而死。曹操用

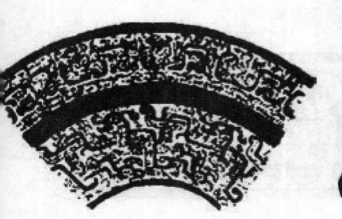

尽兵力奇计，才险胜黄巾军。曹操悬赏想找回鲍信的遗体，但是没能找到，于是就刻了一个和鲍信容貌相像的木人，供大家祭拜。曹操军追击黄巾军于济北，黄巾军被迫投降。当年冬季，曹操接受黄巾军投降的士兵三十余万人，百姓男女百余万口，曹操吸收其中精锐，命名为青州兵。收编了青州兵后，曹操的实力大增，以前兵源不足的问题一下子得到了解决，而且青州兵是经过精心挑选加以训练的，所以他们的战斗力很强。在这之后，曹军的主力便是青州兵，曹操的事业也因为对青州兵的收编而跃上一个新的台阶。

四、诸强争霸，不甘示弱

　　袁术与袁绍原来有点小过节。袁术求援于公孙瓒，公孙瓒派刘备屯兵高唐，单经屯兵平原，陶谦屯兵发干，用以威逼袁绍。曹操与袁绍会兵攻击各据点，各地都被击破了。

　　初平四年（193年）春，袁术进军鄄城，荆州牧刘表切断了袁术的粮道。袁术领兵进入陈留郡，屯兵于封丘县（今河南封丘）。黑山黄巾的余部和匈奴於夫罗等协助袁术。袁术派部将刘详分兵屯扎封丘东北的匡亭（今河北长垣西南），以成掎角之势。曹操亲率大军攻打刘详把守的匡亭。于是袁术急忙去救刘详，与曹操交锋，曹操大败袁术。袁术退保封丘，曹军马不停蹄，进围封丘，在还没有能完全合围的时候，袁术弃城出逃，投奔襄邑（今河南）。曹兵追到太寿，决开黄河渠堤，以泛滥的洪水灌城。袁术又逃了出来，到了宁陵（今河南蔡丘东南），曹操又率兵追击，袁术又逃到了扬州九江郡

（今安徽寿县），这才得以安定下来。夏天，曹操领军回到了定陶。

汉献帝初平四年（193年）六月，下邳（今江苏宁西北）人阙宣，聚众数千人造反，自称天子。徐州牧陶谦与阙宣共同举兵，攻取了泰山郡的华县（今山东费县东北）、费县（今山东费县西北），同时又洗劫了任城（今山东济宁）。此后，陶谦又谋杀了阙宣，收编了他的军队。秋天，曹操亲率大军进攻陶谦，接连攻下十多个城

池。陶谦被逼得固守城池而不敢出城应战。

这一年，孙策接受袁术的命令，渡过长江而向南发展，数年之间，孙策就占据了江东的地盘。

汉献帝兴平元年（194年），曹操从徐州征陶谦归来。曹操的父亲曹嵩，去官以后，就回到了谯郡。董卓之乱的时候，到琅琊去避难，被陶谦杀害了。曹操发誓一定要报杀父之仇，于是向东讨伐陶谦。夏天，曹操派荀彧、程昱二人守住鄄城，又一次出兵征讨陶谦。曹操攻下五座城市，主力部队一直扫荡到琅琊、东海（今山东郯城县西南）。曹操率军队回来的时候经过郯县（今山东郯城县），陶谦的部将曹豹和刘备在郯东的屯兵，企图拦截曹操的军队。曹操打败了曹豹、刘备的军队，趁势攻取了襄贲（今山东苍山县南）。曹操的军队所到之处，杀害了很多无辜百姓。

汉献帝兴平元年（194年）四月，张邈和陈宫二人背叛曹操而迎立吕布主持兖州局势，一时许多郡县都积极响应。曹

操的部下荀彧、程昱保住了鄄城和范、东阿两县，固守阵地，曹操见情势危急，于是率兵回来。吕布进攻鄄城，一时无法攻克，于是便向西移兵屯驻濮阳。曹操见到吕布如此用兵，他说："吕布一天之间得到一个州的地盘，但却不能迅速向东攻取东平国（今山东东平县东）作为根据地，又不能截断亢父（今山东济宁南）、泰山（今山东泰安东）之间的道路，依靠险要之地以拦截我军，却驻兵濮阳。由此我可以看出吕布的无能！"于是曹操进兵攻吕布。吕布出兵迎战，先用骑兵进攻曹操的青州兵。青州兵被打败逃跑，曹操的兵阵溃乱，曹操见军中起火，便骑马冲火而出。不慎从马上摔了下来，火烧到左手掌。司马楼异跑过来把曹操扶上马，曹操才能够逃出。曹操并未回到营中，而在中途休息了一段时间。众将没有能见曹操归来，都十分担心恐惧。不久曹操回来了，亲自巡检营房，犒劳士兵，并命令军中工匠，尽快制造进攻工具，再次进攻吕布。曹操与吕布相持了一百多天，仍然没有分出胜负。后来遇到了蝗灾，蝗虫吃尽田中粮食，百姓没有粮食而陷入了饥荒。吕布军中粮食也吃完了，双方这才各自退去。

秋九月，曹操回到了鄄城。吕布集合了陈宫的兵马，大约一万多人，前来攻打乘氏（今山东巨野县西南），被乘氏县人李进所打败。吕布便移军向东屯驻于山阳。袁绍派遣使者，游说曹操，想和曹操联合。曹操刚刚失去了兖州，而且军中已无军粮，于是打算与袁绍联合。程昱此时劝说曹操，叫他不要和袁绍联合。曹操听从了程昱的建议，放弃了与袁绍联合的计划。冬十月，曹操到达了东阿。

这一年，一斛谷物的价格是五十余万

钱。闹大饥荒之后，甚至出现了人与人相食的惨景。陶谦死后，刘备代替陶谦做了徐州牧。

汉献帝兴平二年（195年）春，曹操率兵袭击定陶。济阴太守吴资力保南城，曹军出师不捷。这时吕布的军队到了，曹操又率军击破吕布一部。夏，吕布部将薛兰、李封的军队驻守在巨野县（今山东巨野县南），曹操攻击薛兰，吕布急忙前去救援薛兰。薛兰被曹操击溃，迫使吕布退守定县。曹操杀了薛兰等人。吕布在东缗县（今山东金乡县东北）与陈宫会合，率领部众一万多人来战曹操。当时曹操兵力较弱，便设下埋伏，突出奇兵袭击吕布，结果大败吕布。吕布连夜逃往定陶，曹操乘胜追击，再战再捷，一举拿下了定陶，然后又分兵攻下各县。吕布向东逃，归附于徐州的刘备。张邈自己追随着吕布，而派弟弟张超带着家属，守卫雍丘。秋八月，曹操围攻雍丘。冬十月，汉献帝拜曹

操为兖州牧。雍丘的兵员损耗惨重，又无救兵，十二月，终于抵挡不住曹军的进攻，城池陷落，张超自杀。曹操把张邈的三族全部杀光了。这也反映出曹操性格中嗜杀的一面。张邈曾去向袁术求救，不过中途被自己的部属所杀。兖州完全平定，曹操便领兵向东攻掠。

　　兴平二年（195年），长安大乱，汉献帝向东迁移，中途又遭遇李傕、郭汜之乱，王师在曹阳大败，渡过黄河，汉献帝的车驾到达了安邑。

　　献帝建安元年（196年），春正月，曹操率领军队到达武平，袁术所置的陈相袁嗣，投降了曹操。

五、号令诸侯，名正言顺

曹操早就想要去迎接天子，有些将领认为这样做没有什么好处，但是荀彧、程昱二人却劝曹操迎天子。迎接天子也是曹操善于权术的表现，虽然此时汉家天子已经有名无实了，但是天子的旗号还是很有号召力的，最起码这样能让很多做法都变得名正言顺，而不会被人横加指责。曹操正是看到了这样的好处，所以下定决心去迎接汉献帝。曹操派遣扬武中郎将曹洪带兵西上，去迎接走投无路的汉献帝。卫将军董承和袁术的部将苌奴二人，带兵在险要之地拦阻曹洪。曹洪的军队受挫，没能继续前进。

汝南、颍川两地的黄巾军首领何仪、刘辟、黄邵、何曼等人，各有部众数万人，先是响应袁术，后又依附于孙坚。二月，曹操领兵讨伐，大破黄巾军，斩了刘辟、黄邵等，何仪和他的兵众也都投降了。天子拜曹操为建德将军。夏六月，曹操又升迁为镇东将军，封为费亭侯。秋七月，杨

奉、韩暹，随汉献帝回到了洛阳。杨奉在梁县驻兵。八月，曹操受到董承的秘密邀请，回到了已经阔别七年的洛阳，拱卫京都，而将负责保卫京师的韩暹赶出了洛阳。献帝赐曹操节钺，录尚书事。洛阳经董卓之乱和李傕、郭汜之乱，已经变得残破不堪了，董昭等人劝曹操迁都许昌。九月，曹操护着献帝的车驾出辕向东行。献帝以曹操为大将军，封武平侯。自从献帝西迁长安，朝廷一切礼仪制度已非常混乱，至此，朝廷的宗庙社稷制度，才算又恢复起来。

这次献帝的东行，杨奉想在梁地拦截车驾，但没能赶上时机。冬十月，曹操率兵征讨杨奉，杨奉不敌曹操，向南投奔了袁术。曹操于是攻占了梁屯。献帝封袁绍为太尉。袁绍不能接受自己屈于曹操之下，不肯接受该官职。曹操在汉献帝面前执意辞掉大将军一职，把大将军的名号让给袁绍。献帝拜曹操为司空，车骑将军。这一年，曹操采用枣祗、韩浩等人的建议，开始实行屯田。

吕布袭击刘备，取得下邳。刘备来投奔曹操。程昱劝曹操说："刘备是个有雄心的人，又很得民众拥戴，一定不会甘心居于人下，不如趁早把他除掉。"曹操说："目前正是收服人心的时候，杀一个人而失掉天下的人心，是非常不值得的！"

张济从关中走到南阳。张济死后，由从子张绣率领他的士众。建安二年（197年），春正月，曹操领兵到达宛城。张绣投降。后来张绣又后悔了，再次反叛曹操。曹操与张绣战斗，曹操兵败，被乱箭射中。曹操的长子曹昂、侄子曹安民，都在这一场战斗中遇害。曹操不得不带兵退回到舞阴（今河南沁

阳西北）。张绣亲自统率他的骑兵尾随而至，这次曹操打败了张绣，并乘胜反击，攻占了南阳、章陵等地。张绣逃到穰县后，很快和荆州牧刘表结为攻守同盟。曹操对部将说："我收降张绣等人，错在没有取得他们的人质和抵押物，所以才会出现现在的这种状况。请各位相信我，从今以后，我不会再失败了。"于是带兵回到许昌。曹操的智谋也是在一次次失败的教训中慢慢积累而成的。

袁术要想在淮南称帝，派使者通告吕布，想得到吕布的支持。吕布却不买账，收押袁术的使者，并将袁术的书信和使者送到了许昌。袁术十分恼火，派兵攻打吕布，却被吕布打败了。秋九月，袁术入

侵陈州。曹操率兵东征袁术。袁术知道是曹操亲自领兵，便弃军逃跑，只留下部将桥蕤、李丰、梁纲、乐就等坚守阵地。曹操一到，就打败桥蕤等，斩杀了四将。袁术逃走，渡过淮水。曹操班师回到许昌。

曹操从舞阴回许昌后，南阳、章陵各县又背叛了曹操而归附了张绣。曹操派遣曹洪去平定这两县，没有能够取胜，于是驻兵于叶县，多次遭到张绣、刘表的侵扰。冬十一月，曹操亲自南征，到达宛城。刘表的部将邓济，占据湖阳。曹操发动进攻，生擒了邓济。又进攻舞阴，获得了胜利。

建安三年（198年），春正月，曹操领兵回许昌，开始设置军师祭酒这一职位。三月，曹操领兵包围张绣所据守的穰县（今河南邓县境）。夏五月，刘表派军队救援张绣。刘表的增援部队在安众（今河南镇平县东南）据险守要，切断曹军的后路。形势对曹操相当的不利，曹操便打算率军撤退。张绣领兵前来追击，曹军因为有刘军拦截，不能前进，连营而缓进，慢慢向前。曹操给荀彧书信，叙述了当时的情况："贼来追我，我虽每日只能行数里，但据我的计算，到了安众，一定可以击破张绣。"曹操的军队到达安众，张绣和刘表两军联合，坚守险要，曹军前后受敌。曹操夜里在险要之处下方凿出了一条地道，将辎重粮食全部运过，并设置奇兵。天将明，张绣、刘表军以为曹军已经过了安众，十分焦急，便率全军来追。曹操于是突出奇兵，步骑两军，夹攻敌人，敌兵大败。秋七月，曹操终于回到许昌。荀彧问："前次推测，一定能打败张绣，有什么道理吗？"曹操回答说："张绣的部众阻挡我撤还的军队，而与我决一死战，我就知道这次肯定是要胜利了。"曹操是很明白"置之死地而后生"这一兵法常识的。

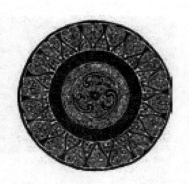

　　吕布因为袁术的请求，派部将高顺进攻刘备。曹操便派遣夏侯惇领兵去救

刘备，但是夏侯惇出师不利。刘备被高顺击败。九月，曹操东征吕布。冬十月，曹军攻破彭城，掳获了彭城相侯谐。曹操进军下邳，吕布亲自率骑兵迎击。曹军大败吕布军，掳获吕布的勇将成廉。曹军一直追到城下。吕布恐惧，想要投降，在陈宫等人的一再劝说才放弃这一念头，于是向袁术求救。陈宫还劝吕布出城迎战。吕布出战又被打败，不得不回兵固守下邳。曹兵屡次进攻，都无法攻克。此时的曹兵连连作战，士兵们都很疲劳，曹操便想要撤军。曹操使用荀攸和郭嘉的计谋，决开了泗水和沂水，灌下邳城。曹军围困了下邳一个多月，吕布的部将宋宪、魏续等绑着陈宫出城投降。曹操生擒了吕布、陈宫，后来都被曹操处死。太山臧霸、孙观、吴敦、尹礼、昌豨，手下各有一些军队。吕布打败刘备后，臧霸等人都服从吕布。吕布失败后，曹操俘虏了臧霸等人，但是对待臧霸等人却很宽厚：割青州、徐州，委派臧霸等人据守；分琅琊、东海、北海为城阳、利城、昌虑三郡。

曹操担任兖州牧的时候，东平人毕谌为别驾。张邈叛乱时，曾经劫持毕谌的母亲、弟弟和妻子；曹操解除了毕谌的职务，叫毕谌去张邈那里，曹操说："你的老母亲在那里。你可以去。"毕谌当时叩首表示无二心。曹操对毕谌大加赞赏，毕谌感动得痛哭流涕。但毕谌辞职之后，竟然归附了张邈。后来吕布事败，毕谌被曹操生擒，大家都为毕谌捏了一把汗。但曹操说："一个能孝敬他的双亲的人，岂不是一定也忠于君主吗？这正是我所需要

的人。"曹操依旧以毕谌为相。这是曹操能够不计前嫌，任用人才的表现，当然这也是他笼络人心的一种手段。

建安四年（199年），春二月，曹操回到了昌邑。张杨的部将杨丑，杀了张杨，眭固又杀了杨丑，带着张杨的人马归附了袁绍，驻兵在射犬（今泌阳县东北）。夏四月，曹操进军到达黄河岸边，派史涣、曹仁领兵渡过黄河进攻眭固。眭固派张杨的旧长史薛洪、河内太守缪尚留守射犬，自己领兵北上向袁绍求救。眭固在途中与史涣、曹仁在犬城相遇，

双方交战。史涣、曹仁大败眭固，眭固被斩。曹操渡过黄河，出兵包围射犬。薛洪、缪尚二人率部众投降。曹操封二人为列侯，回军敖仓。曹操任命魏种为河内太守，负责河北全部的政事。在早些时候，曹操曾推举魏种为孝廉。兖州叛乱时，曹操说："只有魏种不会背弃我。"后来听说魏种逃走了，曹操发怒说："魏种不可能向南方的越地逃亡，也不能向北方的胡地逃亡，他一定逃不出我的手掌心，等我抓到他，一定不会饶了他！"等到攻下射犬之后，曹军生擒了魏种。此时，曹操却说："魏种的才能是可以为我所用的。"说罢，解开捆绑魏种的绳子，任命为他河内太守。曹操这种大度用人的气量不是所有人都具备的。

六、袁曹相争，官渡之战

此时的袁绍已经吞并了公孙瓒一部,拥有四个州的地盘,兵众达到了十余万人,便想要进军攻击许昌。曹操部下将领都认为袁绍兵力强大,最好不要与之抗衡。曹操说:"我知道袁绍的为人,志向很远大但是缺少智谋,外表看起来很严厉但是胆量却很小,猜忌心重,嫉贤妒能而缺少威信,兵虽然多而不能清楚分划组织加以指挥;部将都很骄傲、自以

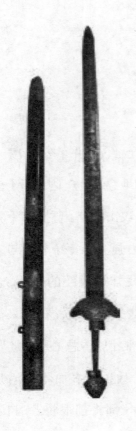

为是，政令不能统一；土地再广大，粮食再丰富，也不过送给我们的礼物！"秋八月，曹操进军黎阳，派臧霸等领兵进入青州，击破齐、北海、东安，留下于禁驻兵河上。九月，曹操回到许昌，分散兵力驻守官渡（今河南省中牟县东北地傍官渡水得名）。冬十一月，张绣带领部众前来投降，曹操封张绣为列侯。十二月，曹军驻守官渡。

袁术自从在陈战败之后，就意识到了自己的困窘处境。袁谭从青州派人迎接袁术。袁术的军队想要从下邳的北方通过，曹操派遣刘备、朱灵二人拦截袁术。正值此时，袁术病死。程昱、郭嘉听说曹操派遣刘备去拦截袁术，对曹操说："万

不可以放刘备走！"曹操自己也后悔了，
想去派人追赶，但是已经来不及了。刘备
在没有得到机会东走以前，曾经与董承
等合谋除去曹操。刘备到了下邳，杀了徐
州刺史车胄，驻兵沛县。曹操派遣刘岱、
王忠二人攻击刘备，却没有能够战胜刘
备。

　　庐江太守刘勋带领部众前来投降，
曹操封他为列侯。

　　建安五年（200年），春正月，董承等
人刺杀曹操的密谋泄露，所有参与者都
被曹操杀了。曹操想要亲自东征刘备，手

下部将都说："与主公争夺天下的人，是袁绍。现在袁绍正要从南面来，但是主公却弃袁绍不顾，而东征刘备。如果袁绍乘我营中空虚，从背后进攻，那我们应该如何应付呢？"曹操说："刘备是人中豪杰，此时如果不打败他，日后他肯定是一大隐患；袁绍虽有大志向，但做事迟钝，一定会按兵不动。"郭嘉也劝曹操先攻刘备，于是曹操向东出兵，进击刘备。曹操大败刘备，刘备逃走投奔袁绍，曹操俘虏了刘备的妻子。刘备部将关羽驻兵下邳，曹操又进攻下邳。关羽兵败，投降。昌豨背叛曹操跟随刘备，曹操又打败了昌豨。

曹操回官渡，正如曹操所料，袁绍果然没有出兵。曹操的智谋在于，能够深刻分析敌军主帅的性格特点，进而猜测出对手的下一步的行动。从现代心理学的角度看，这样的分析是很有道理的。

二月，袁绍派遣部将郭图、淳于琼、颜良，在白马进攻东郡太守刘延。袁绍亲自领兵到黎阳，打算渡过黄河。夏四月，曹操亲自领兵北上去救援刘延。荀攸劝曹操说："如今我方的兵力少，不能与袁绍抗衡，只有分散敌军的势力，我们才可以与之一战。主公可以先到延津，伪装成要渡过黄河，用兵进攻袁绍背后的样子。袁绍见到这种情况，一定会带兵向西，来应对这种局势。这样我军就可以用轻装

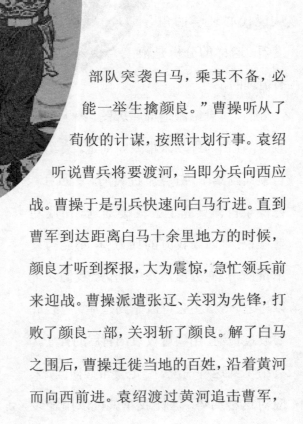

部队突袭白马，乘其不备，必能一举生擒颜良。"曹操听从了荀攸的计谋，按照计划行事。袁绍听说曹兵将要渡河，当即分兵向西应战。曹操于是引兵快速向白马行进。直到曹军到达距离白马十余里地方的时候，颜良才听到探报，大为震惊，急忙领兵前来迎战。曹操派遣张辽、关羽为先锋，打败了颜良一部，关羽斩了颜良。解了白马之围后，曹操迁徙当地的百姓，沿着黄河而向西前进。袁绍渡过黄河追击曹军，

到达延津南部。曹操停止行军，在南阪的
下方安营扎寨，派人登上高处监视袁军
的行踪。探报说："大约有五六百骑兵过
来了。"过一段时间，又报："骑兵已经很
多了，步兵更是不计其数。"曹操说："不
要再报了！"当即曹操部下将领认为敌
方的骑兵数量众多，我方不如弃掉辎重，
退保营垒。荀攸说："这些辎重，正是我
们引诱敌人就范的钓饵，怎么能舍弃掉
呢？"此时袁绍的骑将文丑与刘备分别率
领五六千骑兵前后杀来。曹操部将向曹
操报信，说："现在可以上马迎战了。"曹
操说："还不可以。"过了些时候，来犯的
敌骑渐渐增多了，其中有些敌兵分别奔向
辎重粮草。曹操下令说："可以上马了！"
于是众将上马迎战，曹操纵兵迎敌，大败
敌兵，斩了文丑。颜良和文丑原本都是袁
绍的名将，于是曹军再向前攻击，把来将
都给生擒了，袁绍的军队受到重创，大为
震恐。曹操回兵官渡。袁绍进驻河南尹境

内的阳武（今河南阳武县古博浪亭），与据守官渡的曹军南北对峙。关羽不辞而别，归附刘备去了。

八月，袁绍连营稍向前进，依靠沙堆作为驻兵之处，东西连营数十里。曹操也分地作营垒，与袁军相对。两军对战，对曹军不利。当时曹兵不满万人，且受伤者又有十分之二三。袁绍兵临官渡，堆起土山，命令士兵依高向曹操营中射箭，箭

如雨下。曹军士兵不得不手持盾牌抵挡乱箭,才能在营中走动,曹军士兵对此都感到恐惧。袁绍还命令士兵挖掘了若干条直通曹营的地道,偷袭曹营。曹军则针锋相对,在营内开掘壕沟,截断袁军地道。此时曹营中粮草已告急,曹操写信给荀彧,商量是否应退军许昌。荀彧回信认为:"袁绍征发他的全部军队,集聚在官渡,就要想和主公你一决胜负。主公用居于弱势的军队,抵挡强悍之兵，如果不能制伏袁绍，就必定反被袁绍所制伏。目前情形，是天下大势转变的重大机运，是成败胜负的重要关键。袁绍，不过平常人中的英雄而已，能聚敛人才却不能知人善用。主公你英明神武，做什么事都能马到成功，为何不坚持到底呢？"曹操听从了荀彧的建议，放弃了退兵的念头。曹操权谋的最主要体现就是他善于用人，善于听从谋士的正确建议。

孙策听说曹操与袁绍相持不下，于是想乘机袭击许昌。但是还没来得及行动，

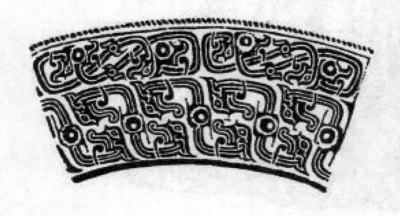

就被刺客杀了。

原汝南黄巾军头目刘辟等人（他们在建安元年二月就投降了曹操），眼见曹军情势危急，就背叛了曹操，转投了袁绍，在许昌附近骚扰抢掠。袁绍派刘备领兵协助刘辟。曹操派曹仁领兵迎击刘辟，刘辟兵败，刘备则逃走了，刘辟所聚集的兵力也就被消灭了。

袁绍押运运载粮食的车数千辆，前往官渡的袁营。曹操使用荀攸的计谋，派

遣徐晃、史涣在路上拦击车队。徐晃、史涣大败袁军，将粮车全部烧毁。曹操与袁绍在官渡相拒了两月，虽然每次小规模的战斗都能获胜，并能斩获袁绍的部将，但是曹军兵少而且军粮不足，士兵们已经相当疲劳了。曹操对运粮者说："再过十五天，我一定击败袁绍给你看，不会再劳累你们运输军粮了。"冬十月，袁绍又派遣车辆运送粮食，并派淳于琼等五人领兵一万余人，护送粮车。淳于琼等驻守在距袁绍营北四十里的乌巢。袁绍的谋臣许攸来投奔曹操，曹操听说许攸前来，连鞋都来不及穿，便从营帐中跑出来迎接许攸，这就是"赤脚迎许攸"的典故。许攸的到来确实对曹操的帮助很大，因为他非常了解袁绍军队的具体情况。曹操这一出"赤脚大戏"收到了应有的效果，许攸劝曹操出兵攻击淳于琼等，占领

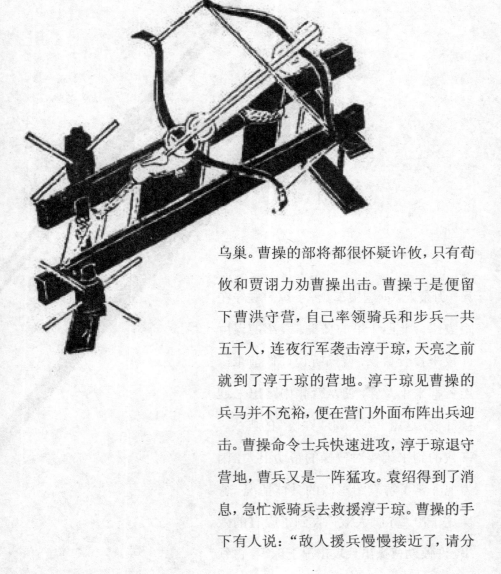

乌巢。曹操的部将都很怀疑许攸，只有荀攸和贾诩力劝曹操出击。曹操于是便留下曹洪守营，自己率领骑兵和步兵一共五千人，连夜行军袭击淳于琼，天亮之前就到了淳于琼的营地。淳于琼见曹操的兵马并不充裕，便在营门外面布阵出兵迎击。曹操命令士兵快速进攻，淳于琼退守营地，曹兵又是一阵猛攻。袁绍得到了消息，急忙派骑兵去救援淳于琼。曹操的手下有人说："敌人援兵慢慢接近了，请分

散兵力进行抵抗。"曹操怒道："等袁军
到我背后再来报告我！"于是士兵们都拼
命作战，大败淳于琼，杀了淳于琼和他的
部将。袁绍在刚听到曹操攻击淳于琼的
情报时，曾对他的长子袁谭说："曹操攻
淳于琼的时候，我们正好攻取他的大营，
他就没有可归之处了。"于是便派张郃、
高览领兵进攻曹洪。张郃等人行至中途，
听说淳于琼已经被打败了，便归降了曹
操。袁军于是遭遇大溃败，袁绍和袁谭放
弃了军队，渡过黄河逃走了。曹操没有能
够追上袁绍，却获得了袁军的全部辎重

粮草、图书珍宝，俘虏了数万袁军。曹操在缴获的袁绍书信中，发现有许昌和自己军中的人暗中和袁绍接洽投降事宜的信件，有人建议曹操严加追查，将那些三心二意的家伙收而杀之，但曹操却说："当袁绍大兵压境之时，连他本人都觉得前途渺茫，更何况他人呢！"于是，下令将所有通敌信件付之一炬，不予追究。冀州的各个郡，多以城邑投降。

桓帝的时候，曾在楚、宋之分的方位发现黄星。辽东人殷馗通识天文，说以后五十年间会有英雄兴起于梁、沛之间，其锋芒锐不可当。由那时算起，到当时已经五十年，曹操打败袁绍以后，便天下无敌了。

曹操在官渡之

战中展现了他杰出的军事谋略以及对整
个战争的全局之观。当然，知人善任也是
他取得胜利的法宝，在这一方面，袁绍就
差了很多。在杰出的用人谋略和军事谋略
方面，曹操远胜于袁绍，难怪曹操会取得
最终的胜利。

七、统一北方，事业渐成

建安六年（201年），夏四月，曹操在河上举兵，进攻袁绍的仓亭军，大败仓亭军。袁绍回来，又收集零散的士兵，攻击各叛离的郡县，各地又都安定下来。九月，曹操回到许昌。在袁绍被曹操打败以前，袁绍曾经派刘备攻占汝南，汝南的黄巾军头目龚都等，纷纷响应刘备。曹操派蔡阳领兵进攻龚都，岂料出师不利，被龚都打败了。曹操便亲自南征刘备。刘备听

说曹操亲自领兵，便去投奔刘表，龚都等人也都四散而去。

建安七年（202年），春正月，曹操在故乡谯县实行军屯。曹操下令说："我兴起义兵，是为了替天下消除暴乱。我故乡的人民，几乎全死了。我现在在街道市集上行走，再也看不见以前相识的人了，这让我很是感伤。自从兴义兵以来，将士战死的，如果没有后嗣相继，可以立自己亲戚的后人作为后嗣。赐给你们田地，赐给你们耕牛，设置学校来教育子弟。要为生者立祖庙，使他们能够得以祭祀他们的先人。如果死者有灵魂，我百年之后，还有什么遗恨呢？"于是曹操来到浚仪，治理睢阳渠，派使者用太牢之礼祭祀桥玄。曹操进军官渡。

　　袁绍自从兵败官渡之后，便得了一场大病，整天吐血不止。夏五月，袁绍死了。袁绍的小儿子袁尚世袭了他父亲的爵位和官职，长子袁谭自称为车骑将军，驻兵

黎阳（今河南省濬县东北）。秋九月，曹操亲自征讨袁谭。经过连续多日的作战，袁谭、袁尚屡战屡败，只能退兵固守。

建安八年（203年），春三月，曹操进攻袁氏的城池，袁兵出城迎战。曹兵进攻，大败袁兵，袁谭、袁尚乘着夜色逃走。夏四月，曹操进兵到邺城。五月，曹操回到许昌，留下贾信驻兵黎阳。

三月己酉（二十四日）曹操下令说："《司马法》说'将军死于退却'，所以赵括的母亲，请求赵王不要因为赵括而连累她一块儿问罪。可知古时当将军的人，如兵败于战场，他的家人便应该在国内负连坐之罪。我自从起兵以来，各处征讨，只是赏赐有功的人，而没有惩罚有罪的人，这并不是国家该执行的法度。现在我命令诸位将领，带兵出征时，兵败的人须治罪，作战失利的人将被罢免官爵。"

秋七月，曹操下令说："自从国家动乱以来已经有十五年了，现在的年轻人，都已经失去了仁义礼让的优良风俗，我对此感到很难过。现在我命令各个郡国，修缮文馆，每个满五百户的县设置一个校官，选择乡中的俊秀之才，加以教学。这

样才能保证先贤圣王之道不至于废弃，有益于天下的安定。"

八月，曹操亲自率领军队征讨刘表，驻兵西平。当曹操离开邺城而南归许昌之后，袁谭、袁尚二人争取冀州，袁谭被袁尚打败，退而保守平原国的国治（今山东平原县西南）。袁尚将平原围得水泄不通，夜以继日地轮番狂攻。袁谭被逼得走投无路，便派辛毗向曹操投降，请求曹操出兵相救。曹操手下诸将都很怀疑，荀攸劝说曹操答应袁谭的请求。曹操于是引兵返回。冬十月，曹操到达黎阳，为儿子曹整聘了袁谭的千金为未婚妻。袁尚得知曹操想要北来，于是放弃了对平原的包围，回到邺城。东平的吕旷、吕翔背叛袁尚，驻兵阳平，率领他们的兵众投降了曹操。曹操皆封他们为列侯。

建安九年（204年），春正月，曹操率军渡过黄河，堵塞淇水进入白沟，以求能通运粮之路。二月，袁尚再一次进攻袁谭，袁尚留下了苏由、审配等人坚守邺城。曹操进兵到了洹水，苏由便投降曹军。曹军已经到邺城城下，不断对邺城发动进攻，堆起了土山，挖掘地道。袁尚的部属武安长尹楷，驻兵毛城，用来确保运粮道路的畅通。夏四月，曹操留下曹洪进攻邺城，自己领兵进攻尹楷，大败尹楷而回。袁尚的部将沮鹄镇守邯郸，曹操又亲自领兵攻城，攻下了邯郸。易阳令韩范

和涉县长梁岐，奉上县城投降。曹操对其赐爵关内侯。五月，曹操继续进攻邺城，毁去土山，毁去地道。而在城外作围城水沟，决开漳水灌城，城中被饿死的人在半数左右。秋七月，袁尚回兵救援邺城，曹操的部将都认为："这是一支归家的军队，人人能够独自作战，不如避开它的锋头。"曹操却说："袁尚如果从大道来，应当避开他，但是如果沿着西山的山路来，这一回肯定会被我生擒！"袁尚果然沿着西山山路而来，毗邻滏水安营扎寨。晚上，袁尚派兵进攻曹军的围兵。曹军迎击，打退了袁军，包围了袁军大营。在还没有完全包围的时候，袁尚便害怕了，派前豫州刺史阴夔和陈琳，向曹操请求投降。曹操不愿意接受他的投降，继续包围袁营。袁尚在夜间逃跑了，退而固守祁山（今河南安阳市西），曹操派兵追击。袁尚的部将马延、张顗等，临阵投降，袁尚逃窜到中山固（今河北定县一带）。曹军

获得了袁尚军队的全部辎重，并且得到袁
尚的印绶和节钺。曹操差遣袁尚部下投
降的人，把袁尚的印绶等物，拿给袁尚的
家人看，城中人的信心顿时就崩溃了。八
月，审配的侄子、东门校尉审荣，在晚上
打开了他所把守的城东门，迎接曹兵入
城。审配积极迎战，但还是战败了。曹操
生擒了审配，后处死了审配，邺城平定。
曹操亲临祭祀了袁绍墓，在袁绍的墓前
大哭了一场。曹操还慰问了袁绍妻，归还
了袁绍家人的宝物，并且赐给他们缯絮，
命人定时给袁绍家人送粮食。

当初，袁绍和曹操共同起兵的时候，袁绍问曹操说："如果举事不成功，要占据一块地方作为远大谋略的根据地，哪个地方比较适合？"曹操说："你认为哪块地方适合？"袁绍说："我南面占据黄河，北面有燕、代之地，能得到戎狄的力量。向南可以夺取天下，这样差不多就可以成事了。"曹操说："我凭借着天下人的智慧和力量，用大道治事，没有哪个地方是不合适的。"

九月，曹操下令说："河北的人民因在袁绍的统治下遭了灾，他们不需要缴纳今年的租赋了。"又加重对专横乡里的地方豪强的惩罚。百姓都很高兴。献帝命曹操领冀州牧，曹操谦让辞了任命，回到了兖州。

在曹操围攻邺城的日子，袁谭开始意识到联合曹操无异于饮鸩止渴，便单方面瓦解和曹操的联盟，夺取了甘陵（今河北清河）、安平（今河北深县）、勃海（今河北南皮东北）、河间（今河北河间市）这些已为曹操占据的冀州之地。袁尚兵败退回到了中山，袁谭又攻中山，袁尚于是逃往故安，投靠了他的二哥、幽州刺史袁熙。袁谭合并了袁尚的士众。曹操给袁谭写信，责备袁谭负信背约，与袁氏断绝婚姻之好。曹操把袁谭的女儿遣送回了

袁家，然后在十二月进兵。袁谭相当恐惧，曹军攻下了平原，袁谭退走，守南皮县，企图负隅顽抗。十二月，曹操进入平原，平定了各县。

建安十年（205年），春正月，曹操攻破了南皮县城，袁谭在逃亡途中被他的部下一刀结果了性命。同时遇害的，还有袁谭的妻子儿女、亲信郭图等人及其家属，至此冀州平定。曹操下令："与袁氏共同为恶的人，不计前嫌，一切重新来过。"又命令百姓不得报私仇，禁止厚

葬，都以法令制定施行。同月，袁熙的大将焦触、张南等发动叛乱，攻击袁熙、袁尚。袁熙、袁尚逃奔三郡乌丸。焦触等以县城投降曹操，被封为列侯。在曹操征讨袁谭时，曾派遣百姓凿开川流冰冻，以使船只能够通行，有百姓因不肯凿冰而逃亡了。曹操认为百姓叛逆，下令见到逃亡的人一律抓捕。过了一段时间，有逃亡的百姓来到曹操门前诉苦。曹操对他们说："你快回去吧，不可被官吏捕到。"逃亡的百姓垂泪而去，最后还是被捕了。

夏四月，黑山军张燕率领部众十余万人投降曹操，张燕被封为列侯。故安人赵犊、霍奴等，刺杀了幽州刺史和涿郡太守。三郡乌丸在犷平进攻鲜于辅。秋八月，曹操领兵征讨，杀了赵犊等，渡过潞河，救犷平。乌丸逃走，逃往塞外。

九月，曹操下令说："暗中结党、相互亲密营私，是先圣之所疾恶。我听说冀州的风俗，父子不同室而居，竟然互相毁誉，从前直不疑没有兄长，当世之人却污蔑他和嫂子通奸；第五伯鱼三娶孤女，人们却指责他挝妇翁（翁通媳）；王凤擅权，谷永却将他比作申伯；王商忠言并且敢于提建议，张匡却把他说成左道。这都是颠倒黑白，瞒天欺君的事。我要整治风俗，改掉这些恶习，如果这四类风俗不能够除去，就是我的耻辱。"冬十月，曹操回到了邺城。

起初，袁绍以外甥高干任并州牧。曹操攻下邺城，高干投降，曹操仍然让他做

刺史。高干得知曹操讨伐乌丸，于是在并州举兵反叛，首先生擒活捉了支持曹操的上党太守，然后全力据守地势险要的壶关口（今山西长治东南的壶口山下）。曹操派乐进、李典领兵进攻高干，高干退守壶关城。建安十一年（206年），春正月，曹操亲自征讨高干。高干听到探报，留下别将守城，自己逃往匈奴，向匈奴单于求救，单于不肯救援。曹军包围了壶关三天，终于拿下了壶关。高干于是逃往荆州，在路上被上洛（今陕西商县）都尉王琰生擒活捉，后被杀死。

秋八月，曹操东征海贼管承，到达

淳于。曹操派乐进、李典击败了管承，管承逃到了海岛上。曹操把东海的襄贲、郯、戚三地都收归琅琊郡管辖，撤销昌虑郡。

建安十二年（207年），春二月，曹操从淳于回至邺。丁酉（初五日），下令说："我兴起义兵，诛除暴乱，至今已经有十九年了，所征讨的地方，一定能够克服。这是我一人的功劳吗？是大家的功

劳。现在天下虽然还没有全部平定，但我一定会与贤士大夫共同管理天下，如果我一个人独自享受这一功劳，我怎么能安心呢？应该尽快核定贤士大夫的功绩，论功行赏。"于是大封功臣二十多人，都封为列侯，其余的人各依次序受了封赏。并对殉难者的遗孤，给予免除租税的待遇，轻重各有不同。

曹操即将北征三郡乌丸，手下的部将都以为："袁尚不过一个逃亡的人而已。夷狄的人，贪得无厌而又不尊重父母，怎能可能为袁尚所用？为了这种人而深入塞外征讨，刘备一定会乘机说服刘表袭击许昌。万一造成变乱，到时候

就追悔不及了。"只有郭嘉料定刘表肯定
不会信任刘备，劝说曹操可以大胆北征。
夏五月，曹操率军到达无终。秋七月，天
降大洪水，滨海的道路都不能通行。田畴
自请做向导，另走他路。曹操允许田畴领
路，引兵出卢龙塞，塞外道都已经断绝不
通。于是开山路、塞山谷达五百余里，经
过白檀，又越过平冈，涉水过鲜卑庭，向
东接近了柳城。在距离柳城二百里，蹋顿
才探知消息。袁尚、袁熙与蹋顿，以及辽
西单于楼班，右北平单于能臣抵之等，共
同率领骑兵数万人前来迎战。八月，曹军

登上白狼山（今热河朝阳县西南），与蹋
顿等兵相遇，虏兵声势很盛。曹军的车马
和辎重在最后面，曹操左右的人都很恐
惧。曹操登上高处瞭望，看见对方阵容
不整，于是便出兵迎敌。曹操派张辽为先
锋，敌军被打得大溃败，蹋顿及名王以下
多人被杀。胡汉兵将，投降的人有二十多
万人。辽东单于速仆丸及辽西、北平各胡
头目，都放弃了自己的同族，和袁尚、袁
熙一同逃到辽东，兵众只剩下了几千
骑兵。当初，辽东太守公孙
康，凭借着自己所居之
地地势偏远，不服曹

操。等到曹操击破了乌丸，有人向曹操
劝谏说，请曹操随即征讨公孙康，那就
可以生擒袁尚、袁熙兄弟。曹操说："我
已经命令公孙康斩袁尚、袁熙二人的头
送来了，不必劳烦我用兵了。"九月，曹
操领兵从柳城回来。公孙康果然斩了袁
尚、袁熙及速仆丸、传送彼等首级来送

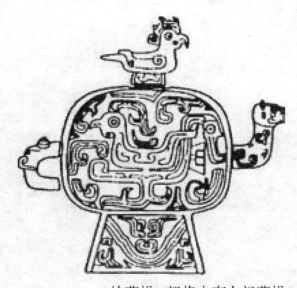

给曹操。部将中有人问曹操："主公已经撤兵了，公孙康斩袁尚、袁熙头送来，这是什么道理？"曹操说："公孙康平常就惧怕袁尚等人，我如果急忙进攻，他们就会合力抵抗，我缓兵不攻，他们便会各自图谋，相互残杀，这是必然之势。"十一月，曹军到达易水，代郡乌丸行单于普富卢、上郡乌丸行单于那楼，率其名王来庆贺。

建安十三年（208年），春正月，曹操回到邺城，修建了玄武池，用来操练水师船战。汉朝罢三公，设置丞相及御史大夫。夏六月，汉献帝拜曹操为丞相。

　　秋七月，曹操领兵南征刘表。八月，刘表死。刘表的儿子刘琮代替刘表领荆州，驻兵襄阳。刘备驻兵樊城。九月，曹操兵到新野，刘琮投降，刘备退据夏口。曹操进军江陵，论赏荆州降从的功劳，十五人被封为侯爵。曹操任命刘表的大将文聘为江夏太守，让他仍然统率原来的军队。曹操又起用荆州名士韩嵩、邓义等人。益州牧刘璋初受征兵役，派遣兵卒提供军需物资。十二月，孙权协助刘备攻打合肥。曹操从江陵进兵征讨刘备，到巴

丘，派张憙领兵趋救合肥。孙权得知张憙来了，便退了回来。曹操至赤壁，与孙刘联军战，不利。适逢军中疫病流行，士兵将领很多人都染了疫病而死。曹操无功而返。

建安十四年（209年），春三月，曹操军到达谯县。曹操制造轻便的船只，积极操练水军。秋七月，曹操乘船从谯县启程，经涡水顺河而下，然后转经淮水西上，折而取道肥水南下，军队进驻合肥。辛未（二十三日），曹操下令说："近年来，军队屡次出征，有时遇到疫病，军中士卒很多死后不能回家，家中的妻子变成了寡妇，儿子变成了孤儿，百姓流离

失所，这种情形，难道是仁义之人所愿意
看见到的吗？这实在是不得已！死者的家
属，凡是没有产业、不能自谋生计的人，
官府不能断了他们的廪粮，长吏要好好照
顾抚慰。"设置扬州郡县长吏，开芍陂并
屯田。十二月，曹军回到了谯县。

　　建安十五年（210年）春，曹操下令
说："自古以来，受天命以及中兴之君，
何尝不得贤人君子与国君同治天下？其
君得到贤者，有不出里巷而得的，难道不

是有幸而相遇的吗？得贤之道，只怕在上位的人不肯去求访而已，肯求就一定能得到。现今天下还没有能够平定，这正是特别急于访求贤才的时刻。从前孟公绰为赵、魏治理国家，到老了才有优良的治绩，但却不可以做滕国和薛国的大夫，可见任用贤才的重要性。如果必须先求其为廉士，而后才以为可能任用，那么齐桓公不用管仲，怎能称霸于世呢？当今天下，难道说在布衣平民当中，没有像姜尚那样，怀金玉之质，垂钓于渭水之滨的人吗？又能说没有像陈平那样，跟嫂子通奸又贪于金钱，而没得到魏无知推荐的那种人吗？你们这些帮我做事的人，应该帮我在鄙陋的地方发掘人才，显扬荐举微贱之人，只要有才能，就可以举荐，不必过于拘泥于廉洁孝友，我只是希望能得人才而用。"当年冬天，建造铜雀台。

建安十六年（211年），春正月，汉献

帝命曹操世子曹丕，为五官中郎将，其下置官属，作为丞相之副官。太原商曜等在大陵叛乱。曹操派遣夏侯渊、徐晃领兵围攻，打败了商曜。张鲁占据汉中，三月，曹操派钟繇讨伐张鲁。曹操派夏侯渊等出兵河东，与钟繇会师。

这时，关中诸将马超等怀疑钟繇会袭击他们。于是马超、杨秋、李堪、成宜等叛变。曹操派遣曹仁领兵征讨。马超等驻兵潼关，曹操敕令曹仁等说："关西的兵马精悍，应该坚守壁垒，不应贸然交战。"秋七月，曹操亲自西征，曹军与马超军各在潼关内外对峙。曹操急于攻下敌阵，暗中派徐晃、朱灵等，夜渡蒲阪津，据黄河以西为营。曹操从潼关向北渡过黄河，在还没有上岸之际，马超就急放船只迎战。校尉丁斐放出牛马活动，以引诱马超的士兵。马超的士兵见到牛马，都抢着夺取牛马。曹操兵因而得渡河登岸，于是沿着黄河修建甬道向南前进。马超军退而据守渭口。曹操多设疑兵，而暗中用船装载士兵进入渭水，并修建浮桥。夜间，曹操分兵扎营于渭水的南面。马超的军队夜袭曹营，而曹操早就安排了伏兵，击溃了马超的军队。马超等驻兵渭水南

边，声势浩大，派人送信给曹操，声称只要曹操割黄河以西地给马超，就可以讲和，曹操不肯答应。九月，曹操渡过渭水。马超屡次挑战，曹操坚持不与其正面交锋。马超又坚决要求曹操割地言和，并要求送去任子以为质。曹操用贾诩的计谋，假意答应马超的言和要求。韩遂请求与曹操相见，曹操与韩遂之父是同年的孝廉，曹操又是与韩遂年岁相近的朋友，于是二人在马上相谈却不提及两军议和之事，只是说些以往在京都

的旧事。二人抚掌欢笑，看起来都很高兴。谈完之后，马超问韩遂："你们都谈了些什么事？"韩遂说："没有谈什么事。"马超和其他人都怀疑二人有什么密语。过了几天，曹操又给韩遂写一封信，信中的言语有多处涂改，看起来好像是韩遂阅后所改定的。马超等人更加怀疑韩遂了，以为韩遂与曹操必有什么秘密协议。

至此，曹操与马超约日会战，先挑战马超的军队，战斗了很长时间，用精锐骑兵冲出，猛力夹击，大破马超军，杀了成宜、李堪等人。韩遂、马超等奔往凉州，杨秋奔往安定，关中之地平定。诸将问曹操："当初，马超他们守潼关，渭水的北道路有一大缺口，主公没有从河东击冯翊，反而据守潼关，经多日而后北渡黄河，为什么要使用这样的进攻方法？"曹操说："马超等据守潼关，如果我进入河东，马超必定会引兵守住各个渡口，那样就不能渡过黄河了。我故意用大兵攻向潼

关，马超当然会全力南守潼关，西河守备就必定空虚，所以徐晃、朱灵二人能够取得西河。然后我引兵北渡黄河，马超之所以不能和我争夺西河，是徐、朱二将的军队已经在西河的缘故。把车相连，竖立起栅栏，修建甬道而向南，既作成不可胜之势，且以示弱；渡过渭水，建造坚固的堡垒，马超虽然来了也不出战，能使敌人骄傲自大。所以马超不修建营垒准备作战，而是要求割地给他。我顺应了马超的心意，允许他割地讲和，使他自己觉得安稳必胜，而不作战斗的准备。这样，我才能够有充足的时间畜养士卒之力，一旦出兵猛击敌军，这就是所谓的迅雷不及掩耳。用兵的变化，是没有一成不变的道理的。"在交战开始的时候，马超军队的每一部增兵来援，曹操就显得很高兴。马超军溃败之后，众部将问曹操这是什么原因。曹操回答说："关中地大而路途遥远，如果敌兵都依靠险要之处进行防守

阻击，我要依次征伐，没有一两年的时间是不可能平定的。现在敌兵都来了，聚集在一起，兵众虽然多，但并不相互归属。军队没有合适的主帅，便不容易立功，所以我心中喜悦。"

冬十月，曹军从长安出发北上征伐杨秋，包围了安定。秋天，杨秋投降。曹操恢复了杨秋的爵位，派他留在安定，安抚当地的百姓。十二月，曹操从安定回军，留下夏侯渊驻兵长安。

建安十七年（212年），春正月，曹操

回到邺城。汉献帝下达命令：曹操朝见天子时，赞拜不必唱名，入朝不必趋走，可以带剑着履上殿，如高祖时的萧何一般恩宠。马超的余众梁兴等，驻兵蓝田，曹操派夏侯渊平定了梁兴等。割河内郡的荡阴、朝歌、林虑，东郡的卫国、顿丘、东武阳、发干，巨鹿郡的瘿陶、曲周、南和，广平国的任城，赵国的襄国、邯郸、易阳，划归魏郡，以增益其地。

冬十月，曹操率兵征孙权。

建安十八年（213年），春正月，曹操
进军濡须口，攻破孙权长江以西营地，掳
获孙权部的都督公孙阳，带兵回还。汉献
帝诏告并天下十四州为九州。夏四月，曹
操回到了邺城。五月丙申，汉献帝派御史
大夫郗虑，持节策命曹操为魏公。

秋七月，曹操开始建立魏国社稷宗
庙。汉献帝聘曹操的三个女儿为贵人。九

月，曹操建造金虎堂，凿渠引漳水进入白
沟以贯通黄河。冬十月，曹操分魏郡为东
西两部，设置都尉。十一月，魏开始设置
尚书、侍中、六卿等官职。

马超在汉阳，又结合羌人、胡人为
乱。氐王响应马超，驻兵兴国。曹操派夏
侯渊前去讨伐。

建安十九年（214年），春正月，曹操
开始籍田（籍田为亲自耕田之礼）。南安
赵衢、汉阳尹奉等讨伐马超，处死了马超

的妻子，马超逃奔到了汉中。韩遂迁到了金城，收纳了氐王千万部，率领羌人和胡人共万余骑兵，与夏侯渊交战。夏侯渊大败韩遂。韩遂奔赴西平。夏侯渊与诸将攻占了兴国，屠杀兴国的百姓、撤销安东、永阳二郡。

安定太守毋丘兴，将要到任，曹操训诫他说："羌人和胡人，想要和中原相通，自己应该会派人来，你不要派人去。合适的人很难得，人派得不好，一定会使羌胡有不合理的要求，来保障他们的利益。如果不允许，就会失和；如果允许，

则并不是什么有益的事。"毋丘兴到了安定任所，竟然派遣校尉范陵去羌中。范陵果然教羌人自请为属国都尉。曹操说："我早就预知到结局必定如此，不是圣人先知，只是因为我阅历丰富而已。"

三月，汉献帝册命魏公位在诸侯王之上，改授金玺、赤绂，远游冠。秋七月，曹操领兵征讨孙权。

当初，陇西宋建自称为首平汉王，在

枹罕聚集民众，改元，设置百官，存在了三十多年。曹操派遣夏侯渊从兴国出发讨伐宋建。冬十月，夏侯渊占领枹罕后又屠城，杀了宋建，凉州平定。曹操从合肥还。

十一月，汉皇后伏氏因为昔日在与父亲散骑校尉伏完互通的书信中，提到想要除掉曹操而获罪。事为曹操所知，伏后被废黜而死，伏后的兄弟都受酷刑而死。

十二月，曹操至孟津。汉献帝命曹操

设置旄发，宫殿设钟架。乙未（十九日），曹操下令说："有德行的士人，未必能进取；进取的士人，未必能有德行。陈平难道是笃行之人？苏秦难道是守信之士？但是陈平却能安定汉室帝业，苏秦能帮助弱小的燕国变强大。由此说来，士人即使有短处，又怎么可以随意废弃呢？有司要明白这一道理，这样人才便不会被埋没

了。"又说:"刑法是百姓的命根,而军中主法的人,有些不是能主持法典的人,却任命这种人主持三军死生之事,我很为此恐惧担忧。应该谨慎选明达法理的人,使他们主持法典刑狱。"于是置理曹掾属。

建安二十年(215年),春正月,汉献帝册立曹操的两个女儿为皇后。撤销了

云中、定襄、五原、朔方四郡，每郡置一县管理当地百姓，合并所减各郡以为新兴郡。

三月，曹操西征张鲁，到达陈仓，准备从武都进入氐；氐人阻塞道路，曹操先派张郃、朱灵等领兵打败氐人。夏四月，曹操从陈仓出散关，到达河池。氐王窦茂有兵一万余人，守住险要之地，并未屈服。五月，曹操攻下河池，屠杀了窦茂兵众。西平、金城诸将麴演、蒋石等共同杀韩遂，砍了他的头送给曹操。秋七月，曹操到达阳平。张鲁派他的弟弟张卫与部将杨昂等据守阳平关，依山横筑城墙，长十余里。曹军攻城不利，一筹莫展。张卫等见曹军已退，解除了守备。曹操于是暗中派部将高祚等，冒险夜袭，大破阳平关，斩其将杨任，进攻张卫，张卫等乘夜逃跑了，张鲁逃奔巴中。曹操军进入南郑，取得张鲁府库中全部珍宝财物。巴、汉两地都投降于曹操。曹操恢复汉宁郡为汉中郡，分汉中郡之安阳、西城，为西城郡，设置太守。分划郡及上庸郡，置都尉。

八月，孙权兵围合肥，张辽、李典共同打败孙权。

九月，巴地七姓夷王朴胡、邑侯杜濩，以全巴夷民来归附曹操。于是曹操分划巴郡，以朴胡为巴东太守，杜濩为巴西太守，都封为列侯。汉献帝命曹操承制封拜诸侯守相。

冬十月，曹操开始设置名号侯至五大夫，与旧列侯、关内侯，凡六等，以赏有军功之人。

十一月，张鲁从巴中率领其余兵投降曹操。曹操封张鲁和张鲁的五个儿子，都为列侯。刘备袭击刘璋，取得益州，得以占据巴中。曹操派张郃领兵进攻刘备。

建安二十五年（220年），春正月，曹操到洛阳。孙权袭杀关羽，把关羽的首级送到了洛阳。

八、英雄逝去，任人评说

建安二十五年（220年）庚子（二十三日），魏王曹操在洛阳病逝，享年67岁。曹操在死之前留下遗令说："天下还没有安定，还不能遵从古制。葬礼完毕，便都脱去丧服。领兵驻守在外的将领，都不允许离开部队。有司各守其职务。装殓使用当前的服制，不要在棺中藏金银财宝。"在夏侯尚、司马懿等人护送下，曹操的灵柩被运抵邺城，二月丁卯（二十一日），埋葬在他亲自选定的邺城西面的山冈上，当时称为"高陵"（后世以其地处邺城西面，大多称它为"西陵"）。陵墓内除了曹操本人预先准备的四箱送终衣服，以及质朴无华的陶器外，并没有金玉之类的陪葬品。整个陵墓"因高为基，不封不树"，一切布置都因陋就简，也未曾建造纪念性的建筑物，所有的后事都是严格遵从曹操生前的遗愿来操办的。曹操破除厚葬陋习的境界，是值得我们学习的。

曹操是一个政治家，他是三国历史上不能不提及的政治人物，为北方的统一作出了贡献。

曹操是一个军事家，官渡之战是我国历史上杰出的以少胜多的著名战例，曹操展现了自己杰出的军事

谋略和军事素养。曹操还撰著了大量的兵法著作。现今保存最完整的著作是曹操的《〈孙子兵法〉注》。

除此之外，曹操还是一个文学家，曹操在建安文学中占有特殊的地位，是建安文学的领军人物。他的很多诗歌我们都耳熟能详，如《观沧海》《短歌行》《长歌行》等。

总之，英雄人物已经逝去，是非功过任人评说。